Generis

PUBLISHING

La lutte contre les discriminations liées à l'origine

Mehdi Thomas ALLAL

Copyright © 2020 Mehdi Thomas ALLAL
Copyright © 2020 Generis Publishing

All rights reserved. This book or any portion thereof may not be reproduced or used in any manner whatsoever without the written permission of the publisher except for the use of brief quotations in a book review.

DESCRIEREA CIP A CAMEREI NAŢIONALE A CĂRŢII DIN REPUBLICA MOLDOVA

Allal, Mehdi Thomas

La lutte contre les discriminations liées à l'origine/Mehdi Thomas Allal: Generis Publishing, 2020 (Print on demand). – 57 p.

Referinţe bibliogr.: p. 55-57.

ISBN 978-9975-153-51-5.

323.1:316.647.82

A 42

Cover image: www.pixabay.com

Generis Publishing
Online orders: www.generis-publishing.com
Orders by email: info@generis-publishing.com

Cependant c'est la veille. Recevons tous les influx de vigueur et de tendresse réelle. Et à l'aurore, armés d'une ardente patience, nous entrerons aux splendides villes.

Arthur RIMBAUD, avril-août, 1873.[1]

---

[1] Poème « Adieu », de *Une saison en enfer* (1873-1875)
Voir les commentaires : http://abardel.free.fr/petite_anthologie/adieu.htm

A mes parents, Tewfik & Brigitte,
ainsi qu'à Loreleï.

A la mémoire de Toni Morrison (1931-2019).

SOMMAIRE

Introduction

La question du vivre-ensemble taraude la société française. Après la vague d'attentats qu'a connue la France en 2015-2016, la tentation du repli sur soi est palpable parmi toutes les couches de la population. Certains considèrent que l'identité nationale est en péril, tandis que d'autres se réfugient dans la religion. Les échéances électorales n'aident probablement pas à mieux dénouer cette crise, chacun versant dans la surenchère, et parfois la démagogie.

Notre société est multiculturelle, il faut désormais l'admettre. A l'instar des autres pays occidentaux, la question se pose de savoir s'il faut traduire cette réalité dans les normes et dans les institutions. La gauche a trop longtemps considéré que l'*alpha* et l'*oméga* des réformes nécessaires se situaient au niveau des tropismes économiques et sociaux. La droite a tendance à copier les solutions de l'extrême-droite en considérant que le facteur culturel - ou sociétal -est un boulet pour la cohésion. C'est donc un jeu à somme nulle.

Le danger est réel de voir toute une partie de notre jeunesse fuir notre pays, voire l'attaquer sur son propre sol. La radicalisation des jeunes musulmans constitue un souci majeur auquel il faut faire face avec fermeté. Faciliter leur intégration, grâce à un logement ou un emploi ne suffit plus. Il faut se donner les moyens de donner un sens à leur existence, autrement que par le biais de la violence.

La lutte contre les discriminations liées à l'origine est l'un des aspects essentiels de cette véritable guerre contre nous-mêmes. La reconnaissance des divers critères prohibés sur laquelle s'est fondé notre pacte républicain depuis la guerre est arrivée à son terme. Il faut désormais rassembler au-delà des communautés en promouvant le dialogue interculturel et le syncrétisme de nos croyances. La neutralité de l'espace public ne doit cependant pas être mise en cause, sous réserve de fixer ses frontières et ses limites.

Il appartient à la société civile de définir ses propres aspirations. La continuité de l'Etat, la qualité de nos services publics, la probité de nos dirigeants, sont des facteurs aidant. Mais la sécurité et la tranquillité sont désormais l'affaire de tous. Tout comme l'éducation et l'enseignement sont des valeurs partagées entre les pouvoirs publics et les familles, il faut construire une nouvelle forme de cohésion nationale autour d'enjeux simples et durables.

La République ne se résume pas aux textes constitutionnels, elle consiste également en un état d'esprit, elle promeut des valeurs telles que l'équité, la fraternité et la tolérance.

La stigmatisation de l'une ou de l'autre de nos composantes sociales n'est donc plus de mise. Les réformes que nous devons mener doivent désormais intégrer une dimension culturelle, sans pour autant remettre en cause le bien commun. Cette dimension culturelle est incontournable pour l'identité de chacun. Le slogan canadien des « *accommodements raisonnables* », tout comme l'ensemble des concepts du vivre ensemble anglo-saxons sont inadaptables à notre société. Il nous faut donc perpétuellement et rapidement inventer, se réinventer et persévérer dans ce sens. Renan nous disait que « *la nation est un plébiscite de tous les jours* ». Prenons-le au mot.

Chapitre 1 : qu'est-ce que la discrimination positive aujourd'hui en France ?

Après l'élection d'une nouvelle majorité pour diriger le pays, l'ascenseur social – qu'Emanuel Macron avait promis de remettre en marche –, semble toujours bloqué… Or la question urgente qui se pose aujourd'hui dans les pays occidentaux est la remise en marche de cet ascenseur pour les plus pauvres.

Les outils pour ce faire et pour mesurer les progrès accomplis font toujours des gros mots. Les penseurs de l'aire anglo-saxonne de la justice sociale – John Rawls, Amartya Sen, Will Kymlicka… – ont qualifié à juste titre ces outils comme faisant partie du dispositif de la *discrimination positive*. Mais la bataille des critères qui sont censés en identifier les bénéficiaires a fait rage par la suite, rendant ce droit toujours plus complexe et empêchant, en France en particulier, d'être « raisonnables » sur le sujet.

En réalité, la discrimination positive n'appartient ni aux Blancs, ni aux Noirs, ni aux Arabes, ni aux Asiatiques, ni aux Latinos de France, ni même aux personnes en situation de handicap, ni aux femmes.

En premier lieu, elle appartient aux pauvres, consistant en un outil de promotion sociale, en un parcours d'insertion, pour ceux qui en ont le plus besoin. Bien entendu, les classes populaires sont largement « mieux » représentées dans les quartiers en déshérence, ainsi que dans certaines zones semi-rurales ou rurales, et elles sont davantage significatives du *melting pot* que le reste de la société…

Les sciences sociales nous enseignent que cette diversité est un atout, et constituerait même un gage de performance. Chiche ! La discrimination positive ne met pas les plus fortunés en danger, puisque ce *deal* gagnant-gagnant crée de la richesse ; mais cette richesse est, pour une fois, redistribuée Les différentes identités qui composent notre pays ont toujours constitué une source de progrès. Pourquoi s'arrêter en si bon chemin, et considérer que les personnes d'origine immigrée, quelle que soit leur provenance, sont un facteur de sous-développement ?

La France est une grande puissance. Elle est un modèle de démocratie et d'Etat de droit pour nombre de nations. Elle a les moyens d'intégrer de nouveaux arrivants, certes pauvres ; peu importe leurs appartenances (ethniques, culturelles, religieuses…).

Ceux qui veulent différencier les Arabo-musulmans, les Africains subsahariens, les Asiatiques, les Latinos selon une « hiérarchie » des races en seront pour leurs frais. La race a toujours été un puissant vecteur de différenciation tout au long de l'Histoire ; à nous d'en inverser la tendance en en faisant un authentique instrument de réussite sociale. Plutôt que d'effacer le terme de « *race* » dans la Constitution, mieux vaut en faire un outil de différenciation positif à la fois pour la société et les individus qui la composent. Le critère de l'origine peut y contribuer…

C'est le seul moyen de contrer les funestes prétentions suprématistes, rampantes ou avérées. Refaire des égaux, pour éradiquer plusieurs siècles de colonisation, d'esclavage, de souffrance, de génocides… Une revanche par le succès, comme on sait si bien le faire en France, et nulle part ailleurs. Or, aujourd'hui, les cultures et religions ont, à leur tour, pris la place de ce vecteur de différenciation qu'est l'origine, pour exclure, pour dénier l'existence des peuples, pour lutter contre l'autonomie…

Mais elles peuvent aussi constituer un puissant facteur d'intégration, à condition d'organiser les conditions du dialogue interculturel et intercultuel, et de se convaincre de la pertinence du principe d'égalité, et de sa portée historique révolutionnaire. En redonnant du sens au vivre-ensemble, elles doivent permettre d'éviter le pire. Origine et religion, culture et domination, pauvreté et progrès, classes laborieuses et richesse, sont des concepts à articuler et non à opposer – à manier toujours dans le bon sens : celui d'une vie en société qui ne laisse personne sur la route et qui profite au plus grand nombre.

Chapitre 2 : pourquoi faut-il revoir le modèle républicain

Dès la fin des années 1980, suite à un rapport de l'institut Montaigne, les pouvoirs publics tiraient la sonnette d'alarme : les jeunes issus des banlieues constituaient des cohortes entières de potentiels salariés à intégrer et à accompagner sur le plan professionnel. Le constat était simple : la France n'aurait pas besoin de nouvelle vague d'immigration, puisqu'elle disposerait déjà sur place des forces vives nécessaires au développement de son économie. La révolte des banlieues à l'automne 2005 n'a fait que renforcer ce constat.

Des études, telles que celle du Conseil d'analyse de la société (Conseil d'analyse de la société, « *Pour une société de la nouvelle chance* ». Une approche républicaine de la discrimination positive, La documentation française, Paris, 2005), avaient indiqué des pistes. Une politique de « *discrimination positive* » devait permettre d'identifier et de sélectionner ces jeunes de cité pour les amener à exercer des responsabilités dans le monde du travail et la fonction publique. Ce constat n'a pas changé. L'élaboration d'une élite républicaine « métissée » doit constituer la feuille de route de notre gouvernement.

Cette élite serait constituée par des Blanc-he-s, des Noir-e-s, des Arabo-Musulman-e-s, des Latinos, des Asiatiques, sans distinction de religion, de genre, d'orientation sexuelle, de convictions politiques ou syndicales, ou d'origine.

L'origine ne constitue pas un facteur de division, si elle est utilisée à bon escient ! L'origine recouvre une réalité dans nos sociétés contemporaines qu'il serait vain de vouloir négliger, en dépit des Cassandre qui considèrent qu'elle nuirait à la reconstruction de la gauche.

La gauche est-elle si mal en point pour désigner une entité comme susceptible de la menacer dans son existence ? La gauche a-t-elle besoin de se démarquer si ostensiblement de la réalité multiculturelle de nos sociétés occidentales ? La gauche serait-elle en voie à refuser la complexité d'une notion déjà ancienne en sciences sociales, dont elle se veut à l'avant-garde ?

La droite en France a su s'emparer du concept plus marketing de « *diversité* » pour garantir le bien-être de nos organisations. Il est reconnu que cette diversité constitue un gage de performance et de richesse dans la lutte impitoyable que se livrent nos entreprises dans la mondialisation.

Et ces entreprises souhaitent à tout prix éviter les dommages collatéraux des politiques de « *name & shame* » qui sont susceptibles de s'abattre sur elles … Un an après la promulgation de la loi *Égalité & Citoyenneté*, certaines mesures s'appliquent aujourd'hui très concrètement, comme l'obligation pour les entreprises de plus de 300 salariés d'inscrire leurs recruteurs à des formations à la non-discrimination.

Les partis politiques conservent une grande part de responsabilité dans la diffusion de ces valeurs. Ils ne concourent pas simplement à l'expression du suffrage universel en vertu de la Constitution. Ils ont pour objectif de concevoir et de promouvoir des modèles de réussite sociale susceptibles de jouer un effet d'entraînement pour l'ensemble des minorités. C'est à ce prix que les politiques de lutte contre les discriminations constitueront un facteur de réduction des inégalités pour le plus grand nombre.

La réduction des inégalités constitue un objectif louable à condition de toucher tous les publics, quelle que soit leur origine. Le combat pour l'égalité ne se distingue pas de la recherche d'une plus grande justice sociale : cette même justice invoquée par les penseurs anglo-saxons tels que John Rawls ou Amartya Sen pour justifier un ciblage des politiques publiques sur les publics les plus faibles.

Il n'en reste pas moins nécessaire de remettre en cause le modèle républicain, en prenant en compte les origines dans l'accès aux ressources. Une élite métissée pourra voir le jour à condition de modifier le préambule de la Constitution et l'article 1er de la Constitution, qui prohibe toute distinction fondée sur la race, l'origine ou la religion.

Le critère du sexe a déjà permis de prévoir des quotas dans l'accès aux responsabilités politiques et professionnelles... Il suffit d'introduire un concept de diversité socio-culturelle ou d'origine pour promouvoir des quotas de jeunes de descendance immigrée, comme cela se fait déjà en fonction de leur lieu de résidence pour les emplois francs.

Le travail des minorités ne doit pas être minoré par rapport à celui des personnes de sexe distinct. Les minorités sont trop souvent reléguées au rang de souffre-douleur dans leur quête de visibilité et de notabilité. Cette visibilité et cette notabilité sont une condition nécessaire, mais non suffisante, de leur meilleure acceptation par le corps social. Ce rôle de locomotive est essentiel pour tisser, et non pour briser, des liens de solidarité avec leurs communautés d'origine. Le risque d'une communautarisation des liens sociaux constitue une réalité.

Pourtant, la communauté constitue un socle pour mettre un pied à l'étrier des jeunes des quartiers. Pourquoi ne pas en tenir compte ? Au nom de quels principes républicains doit-on négliger une économie, parfois souterraine et dommageable pour la sécurité de nos concitoyens. La laïcité ? Le principe d'égalité ? L'indivisibilité du peuple français ?

La contradiction est à prendre au sérieux. Le principe d'égalité doit néanmoins se muer en un principe d'équité pour toucher toutes les catégories de population. Quant au principe de laïcité, il est malmené par la prédominance des religions chrétiennes sur les autres monothéismes, à savoir les minorités juives et musulmanes. Enfin, le principe d'indivisibilité doit être concilié avec la résidence sur le territoire français de peuples, tels que les Corses, les Martiniquais ou les Bretons, distincts par leur histoire ou leur langue.

Le modèle républicain est un modèle qui a prouvé ses mérites. Il est nécessaire cependant de l'adapter pour en faire un modèle de nouveau efficace. Le risque de radicalisation d'une partie de notre population passe par un aménagement de nos grands principes du vivre-ensemble. C'est à cette condition que la France retrouvera ses couleurs, notamment sur la scène internationale. L'occident doit oser pour intégrer ses minorités, sans piller les ressources des pays émergents et du tiers-monde. Les collectivités territoriales ont su jouer un rôle essentiel, comme par exemple la Ville de paris … et la décentralisation s'est muée en un principe d'autonomisation des populations qui les composent. C'est désormais à l'Etat de se transformer, en redonnant à la société civile toute sa superbe.

Chapitre 3 : comment prendre en compte l'origine comme critère de sélection des jeunes de cité ?

Très concrètement, que signifie prendre les origines ou l'identité comme critère de sélection des jeunes de quartier, plutôt que le lieu de résidence ? Comment trancher à diplôme égal entre employer un Noir et un Blanc, un Arabo-Musulman ou une femme, un Asiatique ou un Latino, un pauvre ou un riche, un jeune ou une personne en situation de dépendance, un tsigane ou une personne condamnée, comme salarié ou comme agent public ? Les quotas constituent-ils la meilleure solution pour embaucher ou ne constituent-ils pas une intrusion dans la volonté de l'employeur de choisir parmi ses collaborateurs ?

A diplôme égal, il existe une hiérarchie systémique ou indirecte des responsabilités au sein de nos organisations, qui peut être modulé selon les origines ou les apparences des individus. Cette hiérarchie est parfois dommageable pour les salarié-e-s cantonné-e-s à des taches subalternes. Le marché du travail est trop ségrégué en fonction de l'expérience ou les compétences. Entre un cadre et un ouvrier, entre professions libérales et artisans, entre catégorie A, B ou C, les quotas de personne en situation de handicap ou selon le sexe ne sont pas différents de ceux qui se trouvent en situation de déshérence identitaire.

Un premier pas a été franchi en prenant en compte l'ancienneté et la progression / validation des acquis (VAE) pour soulager l'employeur dans ses choix et encourager le principe de mobilité. En effet, certaines capacités sont transférables d'un emploi à l'autre. Ces capacités sont-elles assimilables à des quotas ?

Les quotas selon l'origine ou l'apparence permettent précisément de valoriser les compétences, indépendamment de la hiérarchie des organisations. Ils sont ancrés dans l'histoire des pays anglo-saxons, qui ont connu l'esclavage et la ségrégation, et qui sont en avance sur nous. Le choix de cibler les marchés publics devait permettre de jouer un rôle d'entraînement pour l'ensemble des entreprises ; les universités leur ont emboîté le pas, pour former en amont une élite noire, notamment dans les Etats du Sud, mais aussi au Nord, afin d'embaucher des salariés issus de la minorité noire qui soient qualifiés.

La multiplication de critères en dehors de la race, en vue d'améliorer le dispositif, a eu pour conséquence de diluer le stigmate de la couleur de peau. Comment redonner à ce facteur toute sa splendeur pour un ensemble de populations encore prises en étau entre la pauvreté et la délinquance ?

Les compétences sont acquises dès le plus jeune âge, au sein de l'école et de la famille. Il faut prendre en compte ces compétences dans l'accès aux responsabilités professionnelles. Le marché du travail est trop compartimenté pour laisser place à un principe d'égalité uniforme. Le principe d'équité permet déjà de justifier des politiques de l'emploi distinctes selon les catégories socio-professionnelles. La prévention et la lutte contre les discriminations permettent de faire oublier les origines et de rendre la société indifférente à la couleur de la peau, à la conviction religieuse ou à la race.

Les politiques de discrimination positive sont variées et permettent de contourner les quotas facilement, étant donné la richesse de leur panel. Les images véhiculées par les médias ou les réseaux sociaux permettent de redorer ou de revaloriser la fierté des minorités. La communication politique permet aussi de faire prendre conscience de la nécessité d'agir vite et bien pour ceux qui ont décroché trop rapidement. La formation professionnelle tout au long de la vie a également prouvé ses mérites, pour adapter les connaissances des jeunes salariés et leur transmettre un savoir indispensable à leur épanouissement.

Certaines prédispositions constituent un atout, mais les trajectoires sont conditionnées par l'entourage et la société d'accueil. Les quotas, de par leur simplicité mathématique, constituent néanmoins un espoir pour rétablir le principe d'égalité. Car les politiques de l'emploi et de la formation professionnelle sont nombreuses et trop confuses. Les représentations dans l'entreprise ou le tiers secteur, ainsi que la fonction publique sont bien trop complexes pour s'offrir en gage de réussite professionnelle. Les parcours sont hachés et nécessitent de mettre en place une mesure comme celle de tuteurs de la République pour accompagner les salariés dans leur avancement. Ces tuteurs existent déjà, mais ils travaillent parfois de manière aveugle à l'existence des différences ethnico-religieuses. Ils souhaitent trop souvent couper les jeunes de leur milieu social, en vue de les extirper et redonner un sens à leur vie. Certaines transitions sont difficiles à accomplir pour les jeunes de quartier. Il est primordial de les confronter à des modèles qui leur ressemblent, tout en valorisant ce à quoi ils n'ont pas eu accès au cours de leur histoire.

L'origine, la race ou la religion sont des critères qui présentent le défaut d'être verrouillé par la Constitution. L'apparence physique constitue au contraire un critère permettant de rassembler quasiment tous les autres. La beauté ou la laideur, la blancheur ou la noirceur, le teint ou les cheveux, le métissage ou la communauté, la grosseur ou la petite taille, etc. peuvent ainsi être pris en compte. Mais l'origine et l'identité intérieure s'adressent à la façon de penser, à l'intériorisation du handicap, à l'avanie des vexations et des faux-semblants. Ils supposent de tenir compte de la façon de penser des jeunes de cité.

Les quotas peuvent-ils dicter les comportements sociaux et sociétaux ? Faut-il s'adapter ou s'imposer librement dans l'entreprise ou la fonction publique ? Pourquoi coller aux représentations imposées de l'extérieur et susceptibles de heurter les consciences et la bien-pensance ?

L'origine peut-elle être mentionnée ou masquée ? Faut-il la retirer des matricules et des logiciels, des fichiers et des listes, des prénoms et des noms ? L'identité juive par exemple a été déniée par les lois assimilationnistes du régime de Vichy, en créant des étrangers supplémentaires au sein de la République. La prise en compte de l'extermination de certaines populations avant et pendant la guerre s'est faite librement au cours de l'histoire de notre pays, sans forcer quiconque à œuvrer pour copier. Il n'y a pas eu de besoin de statistiques pour contribuer à intégrer des populations meurtries ... en s'adressant à des individus.

Le travail d'intégration aujourd'hui suppose au contraire de retisser des liens au sein des minorités. L'Etat est responsable de l'apparition de ghettos urbains, tout comme de la radicalisation de certains individus. Il est temps d'associer les communautés pour en tirer les meilleurs. Les quotas sont une solution parmi d'autres, mais ils exercent une force d'attraction les minorités, dans toute leur violence et leur silence. Les ressemblances et les apparences sont trompeuses et ne font que défaire les traditions, les coutumes, les qualités et les compétences. Dans leur for intérieur, les personnes d'origine immigrée sont tentées de copier les Français de souche dans l'ensemble de leurs phénotypes et stéréotypes. Et vice-versa.

Mais leurs ambitions, leur famille, leur provenance refont surface à des moments forcément inopportuns. Les quotas selon l'origine ou la couleur proviennent d'une histoire qui n'appartient pas à la France. Le modèle républicain a été mis à mal par la tragédie des attentats et des révoltes urbaines, qui ont démontré l'inanité des efforts entrepris depuis une trentaine d'années pour intégrer les minorités. Faut-il encore imposer par la force la prise en compte ou l'éradication de nos identités ? Faut-il faire aveu de faiblesse en oubliant les laissés-pour-compte de la société ?

Les quotas en fonction de l'origine ne sont pas l'unique façon de résorber les inégalités, mais ils peuvent être testés et expérimentés de façon précoce ou non dans certains bassins d'emploi ; ils doivent être modulés en fonction des catégories professionnelles ; ils doivent inclure tous les critères absents du ciblage des politiques publiques.

Chapitre 4 : pourquoi les quotas sont une potion amère à la démocratie

Les quotas sont brutaux. Ils nient une part de notre identité et de nos origines. Ils permettent néanmoins de rétablir une certaine égalité aveugle aux différences. Comment prendre en compte la progression de carrière à partir des quotas et faire en sorte que les bénéficiaires de ce type de dispositifs ne soient pas stigmatisé-e-s une fois parvenu-e-s aux responsabilités ? Faut-il faire en sorte d'oublier la provenance de leurs bénéficiaires ou au contraire constamment leur rappeler leurs droits et leurs devoirs vis-à-vis de la communauté d'appartenance ?

Des auteurs comme Will Kymlicka ou Amartya Sen ont prouvé que les identités n'étaient pas figé-e-s. La citoyenneté multiculturelle s'acquiert en laissant la possibilité de changer de communauté au gré des choix individuels. La liberté constitue une notion également à prendre au sérieux. Le choix des identités n'est cependant pas étranger au contexte social dans lequel il s'effectue. La société doit pouvoir promouvoir cette liberté de choix. Mais la fidélité aux origines est primordiale. Effacer les appartenances, oui ! Mais laisser tomber ses racines, c'est se priver d'un socle indispensable pour continuer.

Les racines ne font pas que des prisonnières et des prisonniers. Elles permettent de s'extirper et de se libérer de son statut d'esclave. La vie vaut d'être vécue, si et seulement si les origines sont prises en compte. Ces origines doivent pouvoir faire refaire surface de temps à autre, et il appartient aux pouvoirs publics de leur faire une place. Donner une place aux origines est gratifiant pour les minorités. Le choix de se différencier est complexe. La filiation joue également son rôle. Choisir son identité, voire son apparence, c'est aussi choisir entre ses parents, entre sa mère et son père. La psychologie des individus entre en ligne de compte. Être coupé de son père ou de sa mère, c'est se priver d'une fierté essentielle à l'accomplissement de l'individu.

Militer pour retrouver ses origines à travers la filiation constitue une tâche ardue. « Le chemin est long et la pente est rude... ». Le modèle familial, comme l'a expliqué Emmanuel Todd dans *le destin des immigrés*, et pas seulement la religion, joue un rôle dans le processus d'intégration. La politique est impuissante parfois à comprendre ce modèle. Mais la transposition des modèles familiaux représente indéniablement un facteur de progrès. La famille est un espace d'intégration incontournable. La transmission est intemporelle. La transmission ouvre la voie au progrès.

La religion n'est pas seulement « l'opium » du peuple. La religion possède des vertus émancipatrices. Tout au long de l'histoire, elle a servi à combattre l'esclavage et le travail forcé du côté des minorités ; elle a permis de se réapproprier le combat pour la liberté. Famille et religion, Travail et patrie ne font cependant pas bon ménage. La religion ne doit pas dicter ses préceptes à la famille ; la vie privée est indispensable, et la frontière avec la vie publique est parfois ténue. La patrie est inconciliable et irréconciliable avec le travail, qui se veut également une valeur de fraternité entre les peuples. La solidarité entre les travailleurs et les travailleuses de tous les pays entre en contradiction avec les nations et la guerre.

Les valeurs familiales permettent de conjuguer principe d'égalité au pluriel ; elles permettent de s'ouvrir au monde. Les valeurs familiales se transmettent par la mémoire et par la parole orale. L'écrit est plus difficile à appréhender. Le retour à l'écrit constitue une variante indispensable. La réforme protestante a permis de mieux comprendre ce retour pendant le moyen-âge et les guerres de religion, tout en exerçant une formidable pression sur les autres monothéismes durant les siècles qui ont suivi.

Le changement est à la tradition, ce que la révolution est à l'ancien régime. A cette occasion, le facteur humain a repris les choses en main, au point d'imposer la terreur et le communisme. Le peuple, sur lequel le facteur humain s'appuie, constitue un concept indéfinissable si on garde en mémoire son caractère liberticide et génocidaire. Le vote et l'anonymat ont remplacé l'ordre préétabli. Le tirage au sort constitue une tentative de redonner confiance dans les institutions. Mais son sort est entre les mains de l'aristocratie et de la bourgeoisie réunie. Le hasard, comme principe de choix des dirigeants et des responsables politiques, confine à la chance. Il est prouvé que la compétence s'acquiert sur le tas et sur le tard. L'accès aux ressources doit être partagé et les quotas, s'ils ne constituent pas l'ultime solution, n'en sont pas moins une potion amère.

Chapitre 5 : l'instauration de quotas est-elle contraire aux grands principes fondamentaux du droit français ?

Quelles sont les solutions pour mettre en œuvre des quotas en fonction de l'origine dans les quartiers ? Parmi les différentes propositions pour appliquer des quotas dans la fonction publique et sur le marché du travail, certaines sont légales, d'autre supposent une modification du droit positif.

Parmi les dispositifs légaux, certains sont déjà mis en œuvre, comme par exemple les emplois francs dans les quartiers prioritaires, les mesures pour encourager l'accès des femmes aux responsabilités sociale et professionnelles, le pourcentage de personnes en situation de handicap dans les organisations ou encore les abaissements de charges en faveur de l'emploi des jeunes et des seniors.

Le principe des quotas se heurte-t-il au pouvoir discrétionnaire des dirigeants de sélectionner parmi leurs futurs collaborateurs les plus compétents ? La liberté d'entreprendre est-elle plus puissante que le principe de non-discrimination ? Comment transformer le droit des affaires pour favoriser l'intégration des personnes les plus éloignées du marché du travail ? Comment concilier les quotas avec la concurrence dans les services publics ?

Différentes méthodes expérimentées par le service public de l'emploi (SPE) permettent d'identifier des habiletés de manière à valoriser sur le marché du travail les compétences des jeunes de cité ; de même, la valorisation des acquis de l'expérience (VAE) peut être considérée comme un encouragement à promouvoir certain-e-s ancien-ne-s salarié-e-s dans l'accès aux responsabilités ; le CV anonyme, tant décrié par beaucoup d'associations, réclamé par d'autres (comme SOS racisme), constitue une tentative de « gommer » les discriminations dans l'accès à l'emploi.

Le risque des quotas est-il constitué par le fichage ethnique des demandeurs d'emploi - comme d'ailleurs des demandeurs de logement social -, alors que certains grands groupes se sont distingués pour abolir la préférence nationale dans leurs offres d'emploi, en particulier le fameux slogan « bleu-blanc-rouge » (BBR) dans les annonces d'intérim ?

Comment mentionner l'origine nationale comme critère de sélection des travailleuses et des travailleurs sans contredire le principe d'égalité devant la loi, qui s'applique au secteur marchand ?

Le droit antidiscriminatoire dans le Code du travail est prolixe et confus. Il mélange 22 critères, sans se donner la peine de hiérarchiser entre eux. Certains de ces critères valent autant, via l'interdiction de leur mention pour l'embauche, la carrière ou le licenciement, ou via leur exploitation pour justifier la mise en œuvre de dispositifs concrets en faveur de telle ou telle catégorie de la population, comme les jeunes ou les seniors.

Si l'on prend le critère de l'âge par exemple, il justifie donc autant d'interdictions que de dispositions en faveur de sa prise en compte comme fondement de « discriminations positives ». Cette asymétrie est-elle reproductible à d'autres segments du marché du travail ? Les jeunes d'origine africaine, asiatique ou sud-américaine, peuvent-ils être sélectionnés en raison de leur appartenance vraie ou supposée à un groupe ethnique ? Faut-il combiner cette appartenance réelle ou supposée avec le critère géographique ou le manque de revenus pour atteindre l'objectif initial d'une meilleure intégration des jeunes de cité ?

Le besoin de reconnaissance des identités a été mis en lumière par certains philosophes comme Charles Taylor[1], qui préconise dès lors des « *accommodements raisonnables* », notamment en vue de faire coexister plusieurs cultures et plusieurs religions. Ce risque d'assignation identitaire est-il contraire au modèle républicain français d'intégration ? Comment faire appliquer ce principe de reconnaissance sans bousculer les individus et sans brusquer les principes du droit public du travail, voire du droit pénal ?

Par ailleurs, le droit communautaire est favorable à la libre circulation des personnes, et donc hostile à la mention des origines nationales, quel que soit le vecteur ou le secteur économique considéré ; il ne vaut cependant exclusivement pour les ressortissants des Etats-membres. Il revendique dans le même temps la mise en place d'"actions positives" pour lutter contre les discriminations en matière d'emploi.

Il existe en réalité des valeurs, qui permettent de distinguer les jeunes d'origine immigrée, tout en respectant le modèle français d'intégration ... Le principe de dignité et l'interdiction des traitements inhumains ou dégradants, le droit au respect de sa vie privée et familiale ou encore le droit à la vie, sont autant de droits fondamentaux consacrés par la jurisprudence de la CEDH qui viennent tempérer les droits nationaux dans leur volonté de briser les identités.

Leur consécration comme droits intangibles, insusceptibles de révision constitutionnelle, hors d'atteinte du pouvoir constituant, n'a pas encore été reconnue en droit français. Ce qui est le cas de la forme républicaine de notre État, depuis les révolutions française.

Mais ils revêtent une force particulière et doivent innerver l'ensemble du système normatif national. Ces valeurs fondamentales justifient l'instauration de dispositifs adéquats, tout en correspondant au principe de reconnaissance des identités : ils militent par exemple pour l'interdiction de la peine de mort ou de la torture ; ils supposent le droit au regroupement familial et l'interdiction des exclusions ou des expulsions arbitraires ; ils s'appliquent à tous les êtres humains, quel que soit leur origine nationale, y compris aux personnes ne justifiant pas de résidence légale sur le sol français, y compris aux personnes qui ont commis les actes les plus graves, comme par exemple le terrorisme.

L'instauration de quotas d'immigration en fonction de l'origine nationale constitue une vieille antienne de l'extrême-droite française et occidentale, en vue notamment de préserver la suprématie blanche et chrétienne dans les pays d'Europe de l'Ouest et d'Amérique du Nord ; l'instauration de quotas d'intégration est différente en ce qu'elle s'adresse à des publics métissé-e-s et permet de briser le principe de la reproduction des élites, sans que ne se délite le tissu économique et social français.

Chapitre 6 : l'origine comme nouveau critère de redistribution économique et sociale

L'origine nationale est un critère prohibé en droit interne et en droit communautaire, mais qui est reconnu par plusieurs conventions internationales, notamment en matière d'asile politique. Le principe de non-discrimination est en apparence contraire à la prise en compte des origines, mais il peut être activé de manière positive pour se retourner contre ses détracteurs dans l'hypothèse d'un rattrapage ponctuel.

Comment mesurer les écarts de richesse justifiant ce rattrapage ? Faut-il introduire des statistiques « ethniques », au risque de ficher les individus et de figer les identités ? Les communautés sont hors d'atteinte par le chiffre et se recoupent assez largement. L'origine nationale a pour avantage d'être borné juridiquement par la notion de frontière. Néanmoins, la solidarité extraterritoriale constitue un puissant facteur de cohésion sociale, en particulier pour les travailleuses et les travailleurs de ce pays.

La nationalité relève du domaine de la loi. C'est une compétence transverse entre le droit public et le droit privé. Les personnes d'origine étrangère, qui possèdent une carte d'identité française, sont-ils disposés à afficher leur provenance, par exemple par le biais du recensement ? La nationalité des parents est d'ores et déjà admise comme critère de recherche en sciences sociales…

Pourtant les catégories de l'INSEE ignore formidablement les identités ressenties. Les statistiques anglo-saxonnes, à la suite notamment des nombreuses émeutes qui ont secoué les ghettos urbains outre-Manche et outre-Atlantique, ont prouvé qu'il était possible de construire une ingénieuse ingénierie pour prendre en compte les différences.

Le droit à l'indifférence n'est pas consubstantiel de notre démocratie. Une République aveugle aux différences n'est pas forcément rétive à rassembler les minorités, à partir du moment où chacun peut revendiquer son histoire, sa couleur, son apparence, son orientation sexuelle, son âge, son genre, son handicap, ses convictions, etc. et ainsi se ressembler. Chacun est différent, et personne n'est pareil. Les préférences identitaires doivent pouvoir se moudre dans un contexte socio-administratif et économique propre à la France.

Le principe de neutralité est-il heurté par davantage de précision et de parcimonie dans l'attribution des ressources ? Les services publics fonctionnant en réseau devraient accueillir et promouvoir une réflexion sur la nécessaire prise en compte des identités.

Les nombreux statuts de la fonction publique sont-ils déjà trop compliqués pour accueillir en leur sein la mention des origines de l'individu ? L'adhésion des usagers du service public, mais aussi l'individualisation des services rendus, suppose une meilleure compréhension du passé de la population et de ses agents.

Les traumatismes de la seconde guerre mondiale, et de façon générale des génocides des années 1930 et 1940, sont encore vivaces et vivants. Il appartient à l'Etat de prolonger et de protéger les espérances nées en 1945 en vue d'abolir les privilèges et de construire une société enfin débarrassée du racisme et des discriminations.

Ce combat a été mené s'agissant de la police des discours et des écrits. La négation des crimes contre l'humanité, y compris l'esclavage, a été transformée en un délit d'outrage pénal d'incitation à la haine raciale. Les médias ont également été davantage contrôlés, avant leur libéralisation et l'introduction du pluralisme.

Il est désormais nécessaire de franchir une nouvelle étape et de passer aux actes. Les violences identitaires sont réprimées, tout comme les insultes, mais on demeure dans le domaine du langage et des victimes.

Il faut désormais encourager la meilleure répartition des ressources entre la société d'accueil et les minorités nationales. Cela concerne bien évidemment l'emploi et le logement, mais également l'éducation et la formation, les responsabilités sociales et professionnelles, les mandats syndicaux et politiques, etc. Une mise en commun, un nouveau partage, s'impose très largement pour redonner confiance aux citoyens dans leurs institutions et leurs organisations.

Le management des ressources humaines prend déjà largement en compte les origines. Le management interculturel constitue bien heureusement une réalité de la vie de l'entreprise et du secteur public. Mais ils concernent des individus déjà en poste. Toute une génération frappe à la porte des quotas et d'une plus juste redistribution.

Chapitre 7 : à propos du principe de protection/reconnaissance des minorités religieuses dans l'espace public

Alors que certains de nos responsables politiques réclament toujours plus de restrictions à l'encontre de la liberté d'expression des opinions religieuses, les musulman-e-s de France font l'objet de discriminations croissantes de la part de leurs compatriotes. En même temps, le partage de l'espace public est revendiqué par des activistes qui souhaitent concilier institutions et traditions. Comment trouver un juste milieu entre celles et ceux qui souhaitent sauvegarder la neutralité des normes et celles et ceux qui veulent imposer leurs coutumes ou leurs codes cultuels au mépris des droits individuels ?

Le principe de laïcité a été conçu au début du XXe siècle dans une optique de combat et de lutte contre l'oppression. Il a servi d'étendard afin de repousser les religions dans leurs tranchées. Ce principe est aujourd'hui récusé par une partie de la gauche et récupéré par une partie de la droite et de l'extrême-droite pour lutter contre l'islam de France, jugé trop envahissant. Plusieurs juristes avertis ont pourtant alerté les pouvoirs publics quant à ce danger, en démontrant que le principe de laïcité devrait permettre la coexistence des croyances, notamment à l'école. Faut-il interdire toute manifestation de la foi pour placer toutes les croyances sur un pied d'égalité, ou au contraire faut-il laisser plus de liberté aux cultes pour leur permettre de dialoguer et de nouer des liens ?

Le principe d'égalité entre les croyances est donc incontournable dans ce débat. Comment mesurer la juste contribution à l'espace public des différentes religions, sans minimiser le combat des précurseurs du principe de laïcité ? Faut-il faire droit aux revendications religieuses les plus rétrogrades en raison du manque de visibilité de certaines minorités ? Quelles sont les pratiques religieuses acceptables dans un Etat de droit où le juge contrôle chaque étage de la pyramide des normes ? Quels sont les mécanismes juridiques à invoquer pour accommoder les normes aux usages cultuels et culturels ?

Plusieurs philosophies du multiculturalisme ont proposé effectivement de trouver des « accommodements raisonnables » pour résorber les conflits qui pouvaient naître entre la population dominante et certaines minorités. La surenchère étant inévitable, ne risque-t-on pas d'ouvrir la « boîte de Pandore » ? Existe-t-il des droits plus acceptables que d'autres, et selon quels critères ? Existe-t-il des lignes rouges à ne pas franchir lorsqu'on veut s'affranchir des inégalités entre religions ?

Par exemple, le droit des femmes peut-il être menacé par les usages vestimentaires de certains de nos concitoyen-ne-s ?

Il faut en effet préserver un noyau dur de droits fondamentaux insusceptibles d'empiètements, comme le droit au mariage et à l'avortement, le pluralisme ou l'interdiction de la torture et des traitements inhumains. En revanche, la liberté d'expression des opinions religieuses implique de permettre de fixer des *arrangements variables et propices au « vivre ensemble »*, qui soient discutés et partagés collectivement, pacifiquement et localement.

Ces arrangements concernent des situations concrètes comme l'introduction et/ou la préservation de menus sans porc dans les écoles, la construction de mosquées, le financement de l'enseignement confessionnel sous contrat, la binationalité et le multilinguisme, ou encore le port de signes religieux par les usagers du service public. Ils ne sont pas forcément neufs, mais nécessitent davantage de compréhension par les pouvoirs publics.

Le principe de reconnaissance penche-t-il en définitive davantage vers plus d'égalité ou plus de liberté ? Faut-il contester les privilèges de la religion catholique dominante accumulés depuis des siècles, sous prétexte que la population a évolué ? Y a-t-il des injonctions religieuses plus compatibles avec les droits humains que d'autres ? Le principe de reconnaissance ne sera efficient que s'il s'accompagne de limites inhérentes à l'Etat de droit ; il doit être tempéré par un principe de responsabilité appliqué aux minorités.

Les injonctions religieuses rentrent-elles forcément en contradiction avec les normes dominantes, ou existe-t-il une troisième voie en faveur de la conciliation entre croyances et valeurs humanistes universelles ? Les collectivités territoriales ont-elles un rôle à jouer pour endiguer le manque de cohésion sociale et les antagonismes politico-religieux dans certains quartiers ? Toutes ces questions peuvent s'articuler autour d'un principe de reconnaissance qui soit encadré par la Constitution et la loi.

Jusqu'à présent, ce principe a surtout été érigé en une demande de rattrapage. Plutôt que de tout remettre à plat, il doit aujourd'hui favoriser l'éclosion de nouvelles règles. Ces nouvelles règles doivent être discutées au sein d'enceintes participatives laïques, pluriculturelles et pluriconfessionnelles mises en place par les pouvoirs publics. Le principe de neutralité de l'Etat doit faire obstacle à l'érosion des espaces de discussion entre différents cultes. Il est un principe de justice.

Le principe de neutralité n'est pas seulement synonyme d'interdiction, mais également d'ouverture. Il n'a pas d'existence légale-constitutionnelle autre que celle d'un devoir s'appliquant aux agents publics. Voire, il peut générer des droits et tempérer la volonté de préserver la « virginité » et la toute-puissance originelle de l'Etat. Il est indissociable de la devise de fraternité. L'Etat n'est pas toujours libéral ou interventionniste, il est également bienveillant et favorable au respect des croyances et des cultures. Il doit permettre d'ouvrir le champ des possibles aux aspirations légales et légitimes des différentes minorités religieuses. Il doit encourager le dialogue et l'élaboration de règles compatibles avec les droits humains.

Certains droits fondamentaux ne se discutent pas. En revanche, certaines violences au quotidien peuvent être combattues et résorbées au moyen d'un renouvellement des institutions représentatives et d'un meilleur dialogue entre elles et l'ensemble des citoyen-ne-s.

Chapitre 8 : l'islamophobie, plutôt qu'une affaire d'Etat, une affaire de l'Etat

Juillet 2019 : les pouvoirs publics persistent à ne pas reconnaître la montée de l'islamophobie en France, et plus généralement dans les pays occidentaux. Certes, la naissance de ce concept est floue et parfois attribuée aux Frères musulmans. Mais comment ne pas constater – et comptabiliser – la recrudescence des agressions dont sont victimes les musulman-e-s de France, encore hier devant la mosquée de Brest ?

Est-ce à dire, comme certains voudraient le croire – et le faire accroire – qu'il existe un racisme d'Etat, qui ne fait que s'accroître ? Est-ce à dire que les institutions nationales créent de la discrimination indirectement ou sans le savoir ? Je ne le pense pas. Il y a certes des recours en justice contre des bailleurs sociaux ou certains employeurs de la fonction publique. Mais nos gouvernants ne peuvent être désignés comme coupables.

Il existe un secrétariat d'Etat, dirigé par Marlène Schiappa, et dédié à l'égalité femmes / hommes et la lutte contre les discriminations. Souvent décrié et étrillé, son travail vise à faire reculer les injustices fondées sur le sexe, l'origine géographique et/ou sociale, l'orientation sexuelle, le handicap, le physique ou n'importe lequel des vingt-quatre critères aujourd'hui reconnus par les codes de loi et la jurisprudence.

Sans être un thuriféraire de la présidence d'Emmanuel Macron, il faut lui reconnaître la qualité d'avoir neutralisé les revendications minoritaires à propos de l'espace public. Qui ne se souvient pas des polémiques nées sous le gouvernement de Manuel Valls relatives au burkini sur les plages, au menu dans les cantines scolaires, à l'abattage rituel ou encore à l'interdiction du port de la burqa ? La dernière élection présidentielle a eu le mérite de mettre un terme à cette « surchauffe », sans pour autant, il est vrai, régler tous les problèmes de fond…

Comme l'a concédé un récent rapport parlementaire sur la thèse du communautarisme dans les transports publics, ce thème est minoritaire et recouvre seulement des poches résiduelles, où il est cependant nécessaire d'y remédier. Il ne doit pas faire oublier les milliers de concitoyen-ne-s musulman-e-s qui travaillent aujourd'hui en faveur de leurs compatriotes, dans les services publics et ailleurs, et qui sont considérés parfois comme des citoyens de seconde zone.

Pourtant, cette islamophobie rampante continue d'être niée par une partie du monde académique et des élites. Peut-être est-il temps de modifier l'article 1er de notre Constitution du 4 octobre 1958 qui prohibe les distinctions sous le signe de la religion ou de l'origine, pour enfin recenser les agressions racistes dans notre pays. Ce qui nous fait affirmer que l'islamophobie est plus une compétence de l'Etat plutôt qu'une affaire d'Etat, comme par exemple le cas Benalla.

Les associations telles que SOS-Racisme ou le CRAN n'hésitent pas à les dénombrer et à les dénoncer lorsqu'il s'agit de négrophobie. Les entités publiques existent actuellement pour observer et traquer ce type d'agressions. Par exemple, pourquoi la délégation interministérielle à la lutte contre les racisme, l'antisémitisme et l'homophobie (DLICRAH) ne serait pas renommée afin qu'elle prenne véritablement en compte le racisme anti-arabe, anti-noir, anti-latinos ou anti-asiatique.

Ce n'est pas parce qu'il existe des tensions intercommunautaires entre juifs, musulmans, gays ou vis-à-vis des femmes, qu'il faut les entériner par le discours public. Certes, l'antisémitisme, la misogynie ou l'homophobie constituent un fléau vivace au sein de certaines minorités. Mais est-ce une raison pour priver ces dernières de toute reconnaissance officielle ? Est-ce une raison pour passer sous silence les milliers de cas de discrimination dont font encore les frais les musulman-e-s de notre pays ? Donnons-nous l'occasion d'aspirer et d'espérer en vue d'une plus grande cohésion nationale et d'une plus grande justice sociale, en reconnaissant enfin le concept d'islamophobie par les outils dont nous disposons pour lutter efficacement contre le racisme et les discriminations !

Chapitre 9 : peut-on critiquer les religions, et en particulier l'islam, sans discriminer ?

Que soulève le débat sur l'existence ou non d'une islamophobie en France, et plus généralement dans les pays occidentaux ? La question peut se résumer ainsi : doit-on prohiber toute critique, fût-elle humoristique, de l'islam ? Les caricatures de cette religion sont-elles admissibles lorsqu'elles incitent à la provocation et à la discrimination raciales ? Y a-t-il un rapport de cause à effet entre ces caricatures et les agressions dont sont victimes les musulman-e-s dans ces pays ? Existe-t-il des limites à ne pas franchir lorsqu'il s'agit de s'opposer à ce qui apparaît comme trop rétrograde dans les coutumes et habitudes des musulman-e-s ?

La République s'est construite sur une désincarnation, c'est-à-dire une différenciation entre les pouvoirs publics et les religions reconnues, notamment une forme de distanciation des liens entre l'Etat et la religion catholique ; le principe de laïcité a été érigé en barrière infranchissable entre la sphère publique et les cultes. Or, aujourd'hui, la majorité des musulman-e-s s'offusque de la trop grande porosité, pour ne pas dire de l'envahissement des pouvoirs publics lorsqu'il s'agit de leur religion…

Certains d'entre eux revendiquent pourtant l'adoption de normes conformes aux dogmes religieux. Les médias véhiculent des clichés, parfois grossiers, relatifs aux modes de vie des musulman-e-s. Les fondamentalistes musulmans grossissent le trait et mènent parfois des croisades anti-occidentales au nom de la liberté religieuse. La liberté de la presse constitue également un droit fondamental qu'il faut savoir préserver.

Mais le contexte est tendu. Les partis de gauche se sont déchirés sur la question identitaire : en effet, alors que certains militants exigeaient d'être très accueillants vis-à-vis des pourfendeurs du voile ou de la burqa, certains de leurs élu-e-s réclamaient au contraire une proximité avec les adeptes et les prédicateurs musulmans pour ne pas froisser l'électorat. Une partie de la droite s'est murée dans un discours sur le grand remplacement que subirait l'Europe chrétienne sous l'effet de l'immigration et de la natalité des pays africains, sud-américains et asiatiques.

Il existe également au sein de la propre communauté musulmane des dissensions, notamment entre les athées et les croyants. Certains manifestent leur désir de ne pas croire, tandis que d'autres exercent une forme de pression en vue de faire respecter les principes religieux.

Pour faire face à cet imbroglio, qui divise nos sociétés et notre cohésion nationale, il y a lieu de poser des règles transparentes et claires en vue de préserver l'Etat de droit.

Les critiques de l'islam ne doivent pas être assimilées à de la haine antimusulmane. Il n'empêche qu'il faut reconnaître qu'il existe une certaine dose de violence vis-à-vis de l'ensemble des cultes, mixée à une tendance à privilégier la religion catholique. L'alliance traditionnelle entre les factions réactionnaires et l'Eglise conduit à l'éclipse d'une certaine bienveillance vis-à-vis des autres croyances, sous prétexte qu'elles doivent toutes être traitées de la même manière. Et si cette tolérance vis-à-vis des musulman-e-s nous amenait à un plus juste dialogue entre l'Etat et les cultes, et entre les cultes eux-mêmes. La préservation de la neutralité de l'Etat n'est pas discutable, mais elle doit s'accompagner d'incitations à plus d'harmonie entre les minorités religieuses.

La tolérance vis-à-vis de la religion musulmane est une occasion dorée de renouer et de retisser des liens entre l'ensemble des religions reconnues et l'Etat, autrement que sous le signe de la défiance, alors que la critique du blasphème et son contraire nous empêchent d'y voir clair : tandis qu'il faut admettre pour la première que les cultes véhiculent parfois des pratiques nuisibles aux droits humains, la seconde pêche par une pâle copie de l'anticléricalisme ; or, la religion islamique ne constitue pas un danger pour l'existence et la préservation de la neutralité de l'Etat. Il nous permet au contraire de redéfinir les relations entre sphère privée et sphère publique, à l'aune d'une laïcité non de combat, mais de paix.

Conclusion : faut-il encore modifier l'article 1er de la Constitution de la Ve République pour combattre les discriminations liées à l'origine ?

« *La France est une République indivisible, laïque, démocratique et sociale. Elle assure l'égalité devant la loi de tous les citoyens sans distinction d'origine, de race ou de religion. Elle respecte toutes les croyances. Son organisation est décentralisée.* » Tel est l'énoncé précis de l'article 1er de notre Constitution. Le président Nicolas Sarkozy avait confié à Simone Veil la mission de réfléchir à introduire un principe de diversité dans le préambule de la Constitution. Ce bouleversement devait permettre de mettre en œuvre, par la loi, des « *discriminations positives* » en fonction de l'origine ethnoculturelle. Le rapport qui s'en était suivi avait jugé inopportune la modification du Préambule en ce sens…

Aujourd'hui, ce sont plutôt les discriminations en raison de la religion qui semble fracturer la société française, selon le préjugé que l'islam serait incompatible avec la société française, et la modernité en général, ou selon des mobiles antisémites. Il faut noter que la République « *respecte toutes les croyances* » – ce qui nuance le second alinéa de l'article 1er de la Constitution du 4 octobre 1958 selon lequel « *la République (…) assure l'égalité devant la loi de tous les citoyens sans distinction (…) de religion* ». Cette disposition permet en effet d'exciper de l'article 1 des arrangements « raisonnables » pour faciliter le dialogue entre les différents cultes, pour encourager le « *vivre ensemble* » des usagers du service public quelle que soit leur confession, pour favoriser l'acclimatation des religions non catholique à la société française, principalement protestante, juive, musulmane et bouddhiste.

Des tentatives de rayer le mot « *race* » de la Constitution ont également vu le jour, notamment à l'initiative de la députée socialiste George Pau-Langevin. La disparition de ce concept, inopérant en sciences sociales et tristement funèbre dans l'histoire de l'humanité, aurait-elle pu parvenir à éradiquer définitivement le racisme ? Comme l'a fait remarquer l'historien Pap Ndiaye, spécialiste de la condition noire en France, « *si l'on veut déracialiser la société, il faut bien commencer par en parler* ». Surtout dans une société que l'on souhaite « *inclusive* » (Thierry Tuot) et « *fraternelle* », à la suite de l'abrogation du « *délit de solidarité* » en faveur des migrants irréguliers par une récente jurisprudence, issue d'une question prioritaire de constitutionnalité (QPC), en date du 6 juillet 2018, déposée par les représentants de l'agriculteur Cédric Herrou.

Aujourd'hui, les craintes des organisations antiracistes concernent surtout l'utilisation du fichage des minorités ethnoculturelles à des fins policières, pour lutter contre la délinquance urbaine, ou, tout simplement, à des fins d'incitation à la haine raciale au nom de la liberté d'expression et de la presse… La délégation interministérielle à la lutte contre le racisme, l'antisémitisme et l'homophobie (DILCRAH) veille au grain, mais ses moyens sont faibles, notamment pour lutter contre la haine en ligne… Comment prendre en compte les discriminations racistes sans identifier celles et ceux qui en souffrent le plus ? Comment garantir le caractère bienveillant de cette identification ? Quels sont les verrous constitutionnels pour encadrer la différenciation des « *minorités nationales* » à des fins propices à leur intégration sur le marché du travail, du logement, dans la fonction publique ou encore à l'école et l'université ? Tels sont les futurs chantiers auxquels les pouvoirs publics devraient dorénavant s'atteler.

Rappelons que les distinctions en fonction de l'origine ethnique sont strictement prohibées. Comment moduler cette prohibition sans contredire le pouvoir constituant ? La tradition républicaine, supposée aveugle aux différences, constitue l'un des caractères invariant de notre régime démocratique… Par ailleurs, l'article 6 de la Déclaration des droits de l'homme et du citoyen (DDHC) du 26 août 1789 dispose notamment que *« tous les citoyens étant égaux à ses yeux sont également admissibles à toutes dignités, places et emplois publics, selon leur capacité, et sans autre distinction que celle de leurs vertus et de leurs talents. »* Un auteur tel qu'Amartya Sen a tenté de démontrer la validité des « *capacités* » comme critère de sélection et d'élévation des êtres humains, autre que leurs prédispositions héréditaires, leur ADN ou le seul principe du mérite, afin de combattre la pauvreté. La France a choisi de privilégier l'anonymat comme gage de compétence et de performance pour l'accès aux emplois publics et la désignation de nos dirigeants. Quel principe constitutionnel pourrait consacrer cette méthode de sélection en droit positif ? Faut-il promouvoir le tirage au sort comme cela se fait au niveau des conseils de quartier à l'échelon local ?

Peut-on s'appuyer sur l'article 1er aujourd'hui pour aménager les interdits constitutionnels dans l'accès aux ressources communes ? Quelle nouvelle rédaction proposer aux élu-e-s ou au peuple, sans dénaturer le principe d'égalité ? Comment redonner de l'effectivité aux droits fondamentaux de la personne humaine dans les pays occidentaux et ailleurs ?

Le principe de non-discrimination ou celui de l'existence d'« *actions positives* », de provenance européenne, peuvent-ils être rajoutés à l'article 1er ? Le droit d'asile, lui, reconnaît aujourd'hui, selon la convention de Genève (1951) et les protocoles qui s'en sont suivis, le critère de la race, de l'origine, de la religion ou des opinions politiques… comme justifiant l'octroi d'un statut de réfugié pour ceux et celles qui sont susceptibles de prouver des craintes de persécution ou des risques de conflit humanitaire ; en revanche, le climat ou le genre ne font malheureusement pas partie du lot. Au contraire, les « *actions positives* » ont été introduites en droit interne *via* le principe d'égalité entre hommes et femmes, en vue de favoriser l'accès de ces dernières aux responsabilités politiques et professionnelles. Quel objectif à valeur constitutionnelle (OVC) peut-il venir contrecarrer la prohibition des distinctions en fonction de l'origine ? Peut-on considérer que les quotas en fonction d'un critère antidiscriminatoire reconnu par la loi ou la jurisprudence constituent un OVC ?

L'accès aux responsabilités peut-il être considéré, pour sa part, comme une composante du principe d'intérêt général ? Les « *distinctions sociales* » tolérées par l'article premier de la DDHC, au nom de « *l'utilité commune* », sont-elles solubles dans l'intérêt général ? Et l'intérêt général constitue-t-il un principe suffisamment puissant en droit constitutionnel pour transformer le principe d'égalité en un principe d'équité, selon lequel le pouvoir réglementaire peut tenir compte des différences de situation, comme a pu l'appeler de ses vœux le Conseil d'Etat dans son fameux rapport public annuel datant de 1996 ? Comment le rattacher au principe de « *diversité ethnoculturelle* », en sus de la justice sociale ou fiscale ? Quel crédit prêter au principe de « sauvegarde de la dignité humaine », déduit du préambule de la Constitution de 1946, contre toute forme d'asservissement et de dégradation, autre que celui d'encadrer les recherches sur la bioéthique et de lutter contre la souffrance animale ?

Il faut remarquer qu'aujourd'hui, ce sont surtout les obstacles rencontrés par certaines catégories socio-professionnelles les plus défavorisées qui semblent parfois insurmontables. « *La République tolère les actions positives en vue de promouvoir l'accès des plus pauvres aux responsabilités sociales et professionnelles* » : cet énoncé s'adresse néanmoins surtout aux plus démunis, faisant fi des discriminations exclusivement racistes qui sévissent encore aujourd'hui, afin de combattre les inégalités socio-économiques. L'énonciation « *la République (...) assure l'égalité devant la loi de tous les citoyens sans distinctions autres que leurs capacités, leur origine ou leur religion* » s'écarte-t-elle trop de la volonté des révolutionnaires français de 1789 ?

Il est possible également d'affirmer que « *la République tolère les actions positives en faveur des personnes issues de l'immigration* » : cette disposition ne prend malheureusement pas en compte les personnes qui sont Françaises depuis de multiples générations, mais qui n'ont pas la même couleur de peau, comme par exemple les minorités antillaises.

Historiquement parlant, elle permet cependant de réparer les torts de ceux qui voulaient mettre en œuvre – et veulent encore - la « *préférence nationale* » des nationaux sur les étrangers. Pour combattre les discriminations qui sévissent entre ressortissants communautaires et extra-communautaires, pour combattre les quotas à l'immigration selon les pays d'origine, pour encourager l'intégration des résidents étrangers régulièrement entrés sur notre sol, pourquoi ne pas rédiger le second alinéa de l'article 1er de la Constitution comme suit : « *la République (...) assure l'égalité devant la loi sans distinction d'origine, de nationalité ou de religion* » ?

Le Conseil constitutionnel avait considéré, dans sa décision du 13 août 1993 relative à la loi « *Pasqua* » sur l'immigration, que « *si le législateur peut prendre à l'égard des étrangers des dispositions spécifiques, il lui appartient de respecter les libertés et droits fondamentaux de valeur constitutionnelle reconnus à tous ceux qui résident sur le territoire de la République ; que s'ils doivent être conciliés avec la sauvegarde de l'ordre public qui constitue un objectif de valeur constitutionnelle, figurent parmi ces droits et libertés, la liberté individuelle et la sûreté, notamment la liberté d'aller et venir, la liberté du mariage, le droit de mener une vie familiale normale (...) ; qu'ils doivent bénéficier de l'exercice de recours assurant la garantie de ces droits et libertés.* » Parmi ces libertés et droits fondamentaux pourrait figurer le principe d'égalité, sous réserve qu'il soit concilié avec l'OVC de la sauvegarde de l'ordre public.

La formulation « *la République ignore les différences en raison de la couleur de peau* » constituerait également, à nos yeux, un progrès évident… ou bien, plus simplement, « *la République (...) assure l'égalité devant la loi de tous les citoyens sans distinction d'origine, de couleur ou de religion* », permettant ainsi de tenir compte des stigmates et des traces de l'esclavage et de la colonisation. Elle peut s'énoncer autrement en indiquant que « *la République ignore les différences en raison de l'apparence* », ce qui permet de prendre en compte, outre les phénotypes ethno-raciaux, l'accoutrement, la laideur, la taille, l'obésité, la grossesse, la vieillesse, etc. et de lutter efficacement contre les « *délits de faciès* ».

En revanche, la prise en compte de l'apparence ne permet pas de combattre les discriminations liées au patronyme ou à l'adresse.

Quelle est donc la terminologie idoine pour englober et viser l'ensemble des minorités, comme par exemple aussi les personnes en situation de handicap ou les LGBT ? Les termes de « *minorités nationales* » sont jugés contraires à l'esprit de la Ve République par les juges constitutionnels, au nom du principe de l'indivisibilité du peuple français. « *La République respecte les droits des minorités nationales* », ou bien « *la République reconnaît les différentes minorités nationales* », constituent des énoncés possibles pour venir moduler la jurisprudence constitutionnelle. Peut-on prendre cependant le risque d'éclatement de la nation ? Jusqu'où définir les termes de « *minorités nationales* » ?

Faut-il compléter par ces termes de « *minorités nationales* » le titre de la Constitution dédié aux collectivités territoriales, qui jouissent d'un principe de libre administration et d'autonomie, pour certaines. Les minorités nationales, comme les Bretons, les Martiniquais, les Alsaciens ou les Corses, disposent déjà d'un territoire qui leur est affilié. En revanche, les minorités ethniques, culturelles, politiques ou religieuses sont éclatées sur tout le territoire métropolitain, comme par exemple les asiatiques, les latinos, les roms ou les kabyles. Leur identification pose problème au pouvoir constituant, alors que certains membres de ces minorités contestent l'existence même de communautés, en refusant d'être enfermés dans les carcans du « *multiculturalisme* »...

Affirmer que « *la République préserve le caractère pluriel de l'identité nationale* » heurte de plein fouet les adeptes du concept d'unité ou d'union nationale. Elle remet en cause également le combat de ceux qui dénoncent le « *tentation identitaire* » (Gilles Finchelstein) et l'adaptation des normes aux *desiderata* des minorités. Ne risque-t-on pas de figer les « *identités* », alors qu'il est admis, selon les théories de l'« *intersectionnalité* », que les identités sont, par nature, mouvantes, et que les jeunes font preuve d'une formidable « *capacité d'adaptation* » (Anazade Amdjad) à leur environnement ?

Le modèle anglo-saxon joue sans doute, exagérément, un rôle de repoussoir, censé renforcer la ségrégation et le séparatisme. N'a-t-il pas habilement permis de faire droit, comme au Canada et aux Etats-Unis, aux revendications des autochtones et des amérindiens dans leur quête de reconnaissance et de respectabilité ? (les réserves accordées ou les excuses dispensées aux uns et aux autres suffisent-elles cependant à effacer le génocide et plusieurs siècles de relégation, dont elles ont fait l'objet lors de la conquête et de l'unification de l'Amérique du nord ?). Ce modèle n'a-t-il pas fait place également à des politiques d'*affirmative action*, dont la constitutionnalité a été encadrée par la Cour suprême, mais qui ont fait l'objet d'un certain reflux dans plusieurs Etats fédérés.

En tout état de cause, contrairement aux méthodes du recensement telles qu'elle sont pratiquées outre-Manche et outre-Atlantique, les statistiques ethniques ont été considérées par le juge constitutionnel français, à l'exception de celles qui ont pour objet des études à des fins sociologiques, comme contraires à la norme suprême. Aujourd'hui, il faut noter que le développement d'internet des nouvelles technologies a changé la donne, avec l'apparition de nombreux fichiers « ethniques » illégaux à des fins purement mercantiles… Il existe certes une autorité administrative indépendante (AAI), la CNIL, qui refuse parfois de constituer de tels fichiers, mais sa force de frappe est démesurément faible face aux GAFA et autres plateformes numériques.

Jusqu'à présent, le législateur français s'est donc fondé sur des critères suffisamment « *neutres* », comme l'origine géographique ou encore les positions sociales, pour élaborer un modèle proprement républicain de « *discrimination positive* » et accélérer l'intégration des minorités ethniques, largement surreprésentées dans les quartiers populaires. Comment prendre en compte la lutte contre les discriminations racistes sans remettre en cause ce modèle républicain, fondé sur des choix collectifs et partagés, tel qu'il a existé et a été encouragé depuis le début des années 1980 ?

La formule « *la République combat les discriminations quel que soit leur critère prohibé par la loi et la jurisprudence* » se suffit-elle à elle-même ou faut-il la compléter par l'ajout des « *actions positives* », car elle suppose d'entériner des propositions concrètes pour favoriser l'égal accès aux responsabilités. Mais elle préserve également la possibilité de se passer de mesures de rattrapage ou de traitements préférentiels. Elle prend en compte les actions de groupe comme instrument de lutte contre les discriminations, introduites récemment en droit interne, et qui permettent de sortir de l'isolement subi le plus souvent par les victimes de discrimination. Elle permet, enfin, de reprendre à son compte toute l'ingénierie relative à la lutte contre les discriminations, développée par exemple par les syndicats, le Défenseur des droits (DDD) ou encore en matière d'aménagement de la charge de la preuve, et qui bénéficie aujourd'hui à l'ensemble des critères antidiscriminatoires reconnus par la loi et la jurisprudence.

Notons qu'il existe déjà au niveau du gouvernement français, sous l'ère d'Emmanuel Macron, un secrétariat d'Etat en charge de l'égalité femmes / hommes et de la lutte contre les discriminations…

Ces hypothétiques modifications de l'article 1er de la Constitution de la Ve République sont donc nombreuses et variées. Elles permettent d'envisager, sereinement et sérieusement, une évolution de notre modèle républicain sans bousculer les convictions des uns et des autres. Point besoin de révolution guerrière, juste une modification de notre Constitution, comme il en a été proposé maintes fois par les pouvoirs publics, parfois de façon profonde et radicale comme avec la charte de l'Environnement. En revanche, il y a aujourd'hui urgence à prendre en compte, d'une manière ou d'une autre, le caractère métissé et mélangé de notre population, ainsi que de notre peuplement. Les théories du « *grand remplacement* » ont fait tant de mal qu'elles imposent d'être combattues sur le plan juridique et légal.

Bibliographie sélective

Paul CASSIA, *Dignité(s)*, éditions Dalloz, 2016.

Marie-Christine CERRATO DEBENEDETTI, *La lutte contre les discriminations ethno-raciales en France. De l'annonce à l'esquive (1998-2016)*, Presses universitaires de Rennes, collection « *Res Publica* », 2018.

Conseil d'analyse de la société, « *Pour une société de la nouvelle chance* ». Une approche républicaine de la discrimination positive, La documentation française, Paris, 2005.

Hakim EL KAROUI, *L'islam, une religion française*, éditions Gallimard, collection « le débat », Paris, 2018.

Antoine GARAPON, Michel ROSENFELD, *Démocraties sous stress. Les défis du terrorisme global*, PUF, Paris, octobre 2016.

Francis HAMON, *Les discriminations saisies par le droit*, LGDJ, Paris, 2016.

Aude KERIVE et Samuel JAMES (sous la dir.), *Lutter contre les discriminations et les inégalités. Enseignements du Fonds d'expérimentation pour la jeunesse*, La documentation française, Paris 2019.

L'Histoire magazine, n° 457, mars 2019 : « La France noire ».

Le Monde diplomatique. Manière de voir n° 166 : « Aux armes historiens. Le roman national en débat », août-septembre 2019.

Le Monde diplomatique mensuel, n° 784, juillet 2019 : Benoît BREVILLE : « Quelle est votre race ? », page 23.

Paul MAY, *Philosophies du multiculturalisme*, éditions des Presses de Sciences Po, Paris, 2016.

Pascal M'BONGO, *L'identité française et la loi. Une histoire politique*, LGDJ, Paris, 2016.

Ministère de l'Intérieur, Institut européen en sciences des religions, *L'expression du religieux dans la sphère publique* (préface Bernard Cazeneuve), La documentation française, Paris, 2016.

Institut Montaigne, *Les oubliés de l'égalité des chances*, rapport du groupe de travail sous la présidence de Yazid SABEG et Laurence MÉHAIGNERIE, Paris, janvier 2004.

Toni MORRISON, *Beloved*, Vintage Classics, Londres, 2007.

John RAWLS, *La théorie de la Justice* (1971), traduction française par Catherine AUDARD pour les éditions du Seuil, Paris, 1987.

Philip ROTH, *Pourquoi écrire*, traduit de l'anglais (Etats-Unis) par Michel et Philippe JAWORSKI, Josée KAMOUN et Lazare BITOUN pour les éditions Gallimard, collection « folio », Paris 2019.

Jean-Frédéric SCHAUB, *Pour une histoire politique de la race*, éditions du Seuil, Paris, 2015.

Amartya SEN, *Identité et violence*, éditions Odile Jacob, Paris, mai 2007.

Emmanuel TODD, *Le Destin des immigrés. Assimilation et ségrégation dans les démocraties occidentales*, éditions du Seuil, collection "l'Histoire immédiate", octobre 1994.

John Edgar WIDEMAN, *Ecrire pour sauver une vie. Le dossier Louis Till*, traduit de l'américain par Catherine RICHARD-MAS pour les éditions Gallimard, collection « folio », Paris, 2017.

Michel WINOCK, *Les figures de proue de la gauche depuis 1789*, édtions Perrin, Paris, mai 2019.

www.ingramcontent.com/pod-product-compliance
Lightning Source LLC
Chambersburg PA
CBHW071249130726

47998CB00003B/1118